SÍNTESE DOS CRIMES DO COLARINHO BRANCO

SÍNTESE DOS CRIMES DO COLARINHO BRANCO

UM ESTUDO SOBRE OS ILÍCITOS

MATHEUS HENRIQUE NEVES ANDREAZZI

COPYRIGHT © MATHEUS HENRIQUE NEVES ANDREAZZI

1ª EDIÇÃO

Grafia atualizada conforme o Acordo Ortográfico da Língua Portuguesa de 1990, que passou a vigorar no Brasil em 2009.

1. Não ficção. 2. Direito. 3. Comentários e citações.

ISBN: 9781794390584

Proibida a reprodução total ou parcial desta obra sem a devida autorização do autor.

São Paulo, Brasil – 2019.

Dedicatória

Aos meus amigos, companheiros, colegas, amores de minha vida, pelas alegrias, tristezas e dores compartilhadas. Com vocês, as pausas entre um parágrafo e outro de produção melhora tudo que tenho produzido na vida.

Agradecimentos

A Deus, que sempre me deu saúde e vontade para concluir esse mui importante trabalho.

Ao Centro Paula Souza, em especial à ETEC "Dr. Adail Nunes da Silva", seu corpo docente e, principalmente, a meus professores orientadores, que oportunizaram a janela onde hoje vislumbro um horizonte superior, eivado pela acendrada confiança no mérito e ética aqui presentes.

Ao Prof. Dr. Eliel Belardinucci pela oportunidade e apoio na elaboração deste trabalho.

À Prof.ª Me. Paola Alves pelo paciente trabalho de revisão da redação.

Agradeço todos os professores por proporcionar o conhecimento não apenas racional, mas a manifestação do caráter e afetividade da educação no processo de formação profissional, por tanto que se dedicaram a nós, alunos, não somente por terem nos ensinado, mas por terem nos feito aprender.

A palavra mestre nunca fará justiça aos professores dedicados, aos quais, sem nominar, terão minha eterna e absoluta gratidão.

Meus agradecimentos aos amigos, companheiros de trabalho e irmãos na amizade, que fizeram parte de nossa formação e que vão continuar presentes em nossas vidas com certeza. À nossa família.

A todos que, direta ou indiretamente, fizeram parte de minha formação, *meo* muito obrigado.

"É importante ressaltar que os crimes do colarinho branco jamais afetam apenas uma vida: afetam, sempre, milhares. Afinal, não é um dano individual e sim nacional, que atinge todos que dependem da integridade econômica do Estado."

ANDREAZZI, Matheus H. N.

Resumo

O presente trabalho de conclusão de curso, aqui sendo, por excepcionalidade, artigo científico, vem tratar dos Crimes de Colarinho Branco, especificamente a lavagem de dinheiro no âmbito estatal e privado e sobre o agente laranja, no Brasil. Dissertar-se-á sobre os aspectos fundamentais desta prática ilegal, frisando o usufruto contínuo da lei ordinária número 7.492/86, a norma específica que configura os crimes contra o sistema financeiro nacional.

Ressaltaremos que a severa aplicação de pena para tais crimes é imprescindível, pois sua não execução põe em risco a moral e a confiança em todo o sistema econômico brasileiro, possivelmente afastando investidores e expandindo, ainda mais, a corrupção sistemática instalada na União, que deve ser indiscriminadamente combatida. Também falaremos sobre a corrupção passiva e ativa, sobre os círculos viciosos, sobre as relações político-privadas, lobby e evasão de divisas.

Palavras-chave: corrupção, lobby, lavagem de dinheiro, agente laranja, brasil, crimes do colarinho branco.

Abstract

The present work of conclusion of course, here being, by exceptionality, scientific article, deals with White Collar Crimes, specifically money laundering at the state and private level and on the agent orange in Brazil. The basic aspects of this illegal practice will be discussed, emphasizing the continuous usufruct of ordinary law number 7.492/86, the specific norm that configures crimes against the national financial system.

We must stress that the severe application of punishment for such crimes is essential, since its non-execution endangers morale and confidence throughout the Brazilian economic system, possibly driving investors away and further expanding the systematic corruption in the Union, which must be indiscriminately fought.

We will also talk about passive and active corruption, vicious circles, politic-private relations, lobbying and currency evasion.

Keywords: corruption, lobby, money laundering, agent orange, brazil, white collar crimes.

Sumário

1. Introdução 13

2. Lavagem de Dinheiro 19

3. Laranjas e Evasão de Divisas 28

4. O famoso "jeitinho brasileiro" 35

5. Prática normal, diária e quotidiana da corrupção 39

6. Relação entre Pessoas Jurídicas com a Política no Brasil 43

   6.1 Financiamento de Campanha 43

   6.2 Grupos de Pressão e Partidos Políticos 45

   6.3 O conceito do Lobby e sua prática na política brasileira 48

7. Corrupção Passiva e Ativa 52

8. Atividade Corruptiva 62

   8.1 Corrupção no âmbito estatal 62

   8.2 Corrupção no âmbito privado 76

Considerações Finais 84

Referências 91

1. INTRODUÇÃO

Os crimes do "Colarinho Branco" nasceram nos Estados Unidos da América, oriundo da tradução literal de "white-collar crimes" e, como diz o próprio FBI (Federal Bureau of Investigation, a 'Polícia Federal' dos Estados Unidos), transmite crimes cujos atos ilegais se caracterizam pela fraude, acobertamento ou abuso de confiança e que não dependem de violência física para ser praticado (U.S. Department of Justice, Federal Bureau of Investigation, 1989).

Normativamente envolvendo políticos e pessoas com grande influência e poder na sociedade, encontra-se correferido a fraudes, principalmente bancárias, uso de informações privilegiadas, no Brasil abarcando, principalmente, licitações e subornos, desde o âmbito judicial, passando pelo legislativo — temos grandes exemplos, como o *Mensalão*, que comprou votos do legislativo e o *Petrolão*, que financiou candidaturas e partidos políticos — e terminando no Executivo, onde envolve privilégio à empresas em contratos e prestações de serviços, sendo muito corriqueiro o 'superfaturamento' de obras do Estado, que deveriam valer 'x' e esse valor multiplica-se de forma assombrosa — como o caso da compra da Refinaria de Pasadena, pela Petrobras, nos Estados Unidos, onde a compra deveria ser em alguns milhões e concluiu-se, após derrota na justiça americana, em mais de um bilhão de reais. A empresa belga Astra Oil pagou US$ 42,5 milhões por toda a refinaria em 2005 e, um ano depois, a estatal brasileira gastou US$ 360 milhões para ter apenas 50% das ações, onde graças à duas cláusulas omissas no contrato, a Petrobras teve de comprar a outra metade da Refinaria, por US$ 820,5 milhões (G1 ECONOMIA, 2014) — e outras atividades praticadas principalmente para limpar dinheiros ilícitos, fazendo-os aparentar como legítimos.

"Colarinho Branco" tem muito significado intrínseco, pois faz referência às pessoas instruídas, de poder, que andam de terno e gravata, usando, sempre, um colarinho branco, a influência social e o dinheiro, não os punhos, como defesa. A lei nº **7.492/86** (chamada *Lei dos Crimes de Colarinho Branco;* BRASIL, 1986), a qual abrangeremos neste Artigo Científico, foi criada para punir grandes empresários ou, simplesmente, aproveitadores do Estado que usam de má fé para executar seus serviços ilícitos. O principal ponto a se destacar é que a boa execução desta lei garante a credibilidade do sistema econômico-financeiro brasileiro, o que é imprescindível.

Um importante exemplo de pensamentos distintos acerca do assunto é do Magistrado do Supremo Tribunal Federal, ministro Dias Toffoli, que defende penas mais brandas em casos de Crimes de Colarinho Branco com ausência de violência, conforme reportagem do Ilustre jornal Folha de São Paulo, em novembro de 2012. Isso gera um grande conflito entre doutrinadores e juristas do Estado de Direito Brasileiro.

São, penalmente responsáveis, nos termos da lei, (BRASIL, 1986) o controlador e os administradores de instituição financeira, assim considerados os diretores, gerentes. Conforme o artigo 1º da lei 7.492 (BRASIL, 1986), equiparam-se aos administradores de instituição financeira o interventor, o liquidante ou o síndico. Nos crimes previstos neste dispositivo, cometidos em quadrilha ou coautoria, o coautor ou partícipe que através de confissão espontânea revelar à autoridade policial ou judicial toda a trama delituosa terá a sua pena reduzida de um a dois terços, *conforme o artigo 2º do mesmo diploma legal supracitado (BRASIL, 1986).* A ação penal, será, sempre, promovida pelo Ministério Público Federal, perante a Justiça Federal, conforme o artigo nº 26 da mesma norma ordinária. O crime é inafiançável, inapelável antes da prisão, ainda que primário e de bons antecedentes, finaliza o artigo nº 31 da já referida legislação.

Não obstante, Corrupção Passiva nada mais é um crime praticado contra a Administração Pública e tem como peculiaridade, que somente o funcionário público pode ser o sujeito ativo, sendo este um crime próprio. Enquanto Corrupção Ativa é um crime que pode ser praticado por qualquer sujeito, até mesmo um funcionário público que não esteja no exercício de suas funções.

Por fim, evasão de divisas é o envio de capital para o exterior, sem expressa comunicação ao órgão nacional competente, o Banco Central. Tal ato é normalmente cometido para sonegar o imposto de renda, buscando formas de burlar a fiscalização nacional, enviando o valor para, por exemplo, um paraíso fiscal — nações ou regiões onde o ordenamento jurídico promove a aplicação de capitais estrangeiros, com alíquotas de tributação muito baixas ou nulas. Mas afinal, a que se estende os Crimes do Colarinho Branco?

2. LAVAGEM DE DINHEIRO

É o método de tornar movimentações financeiras ilícitas em lícitas, uma forma de embuçar receitas geradas, por exemplo, a partir do tráfico de drogas e torná-las legais, por meio de '*laranjas*', tais que são empresas ou pessoas 'fictícias' ou que não participam de fato da operação, com o único propósito de 'lavar' o dinheiro recebido pelo tráfico, fazendo com que este pareça, meramente, um lucro daquela Pessoa Jurídica ou Física.

No âmbito estatal, o crime de lavagem de dinheiro provém, única e exclusivamente, do dinheiro público. Ou seja, quando os recursos públicos são premeditadamente desviados diretamente para um particular (ou indiretamente, à um laranja). Esses recursos são comumente desviados de áreas de importância nacional, estadual ou municipal ou mesmo com as sobras capitais de obras públicas, com superfaturamentos.

Organizações terroristas também contam com dinheiro para sustentar suas atividades e realizar atos terroristas. Os recursos que alimentam tais tipos de atividades podem provir de várias fontes. Enquanto os terroristas não estão preocupados em disfarçar a origem de seus recursos, eles pensam em formas de conciliar seu destino com o propósito para o qual foram coletados. Terroristas e organizações terroristas, no entanto, empregam técnicas similares àquelas utilizadas pelos envolvidos com a lavagem de dinheiro para esconder seus recursos. A aplicação de técnicas de inteligência e investigativa pode ser um caminho para detectar e desarticular atividades criminosas. (UNITED NATIONS OFFICE ON DRUGS AND CRIME: Escritório de Ligação e Parceria no Brasil.)

"Premeditadamente", refere-se ao intuito antecipado de praticar o ato criminoso, logo, o dolo. Isto é, por exemplo, premedita-se a licitação de uma obra de engenharia, como construir um estádio municipal de desporto, mas com a primordial intenção de fazê-la superfaturar, por consequência, lavando e/ou ocultando o capital que 'sobrou' para torna-lo legal a uma pessoa física ou jurídica, normalmente a autoridade que autorizou a licitação, a empresa que executou a obra ou ambas.

É extremamente comum entre empresários de grande porte que, acreditando na impunidade do judiciário do Brasil, conjecturam que não serão punidos. Deve-se ressaltar que sempre haverá um crime predecessor. Analisando o artigo primeiro da lei número 9.613 de 1998, temos *"ocultar ou dissimular a natureza, origem, localização, disposição, movimentação ou propriedade de bens, direitos ou valores provenientes, direta ou indiretamente, de infração penal"* (BRASIL, 1940). Ressalvo que o dispositivo se refere à infração penal, logo, crime ou contravenção (CARAMIGO, 2016).

O termo adotado no Brasil é similar àqueles adotados em outras nações, onde se refere como *Money Laundering, Geldwashing, Blanqueo de Capitales* e *Blanchiment d'argent*. Nossos dispositivos, muito embora, não mencionam os termos "dinheiro" ou "capital", mas optam por utilizar lavagem de bens, direitos ou valores, o que impõe maior abrangência ao conceito de "lavagem" (CARAMIGO, 2016).

"Ocultar" expressa o ato de não revelar, encobrir, esconder; já "dissimular" equivale a disfarçar, encobrir com astúcia, esconder.

Denoto a diferença entre os dois: enquanto no ato de ocultar há apenas o encobrimento, no ato de dissimular há o emprego de astúcia, premeditação.

Os materiais do delito são, a seguir, elencados:

Valor: valor é tudo aquilo que possui preço. Monetário ou sentimental.
Direitos: é tudo o que se atribui ou pertence ao indivíduo. (CARAMIGO, 2016)
Bem: vem a ser toda a espécie de ativos, seja material ou qualquer benefício. Os ativos nem sempre se compreendem em teor pecuniários. Todo o ativo que traga benefícios ilícitos é e deve ser considerado.

É necessário que esses três itens supracitados sejam provenientes, indireta ou diretamente, da prática de uma infração penal predecessora, sob pena de a conduta ser atípica.

Ressalto, novamente: sem haver infração penal anterior, não existirá crime de lavagem de dinheiro.

São três as fases principais do delito:
Inserção: introduzir o dinheiro líquido no Mercado de Capitais. Bancos, por exemplo.
Encobrimento: afanar sua origem ilícita. Enviando para paraísos fiscais ou causar superfaturamentos, por exemplo.
Reciclagem: reintrodução do dinheiro ilícito no Mercado de Capitais, de forma legal. Empréstimos, aquisição de bens, por exemplo.
Importante frisar que no Crime de Lavagem de Dinheiro não se admite a forma culposa (falta de intenção) (CARAMIGO, 2016), mas

sempre a forma dolosa (quando há intenção), pois considera-se que o mínimo conhecimento da procedência do bem caracteriza a dolosidade.

O erro versando sobre o elemento fático, como erro de tipo, opera a exclusão do dolo (artigo 20, caput, do Código Penal; BRASIL, 1940).

A consumação da infração se dá com a participação em qualquer das três fases supracitadas: seja inserção, encobrimento ou reciclagem. Consuma-se com a mera realização da conduta, mesmo sem qualquer resultado. Nota-se que manter o dinheiro em depósito são delitos permanentes, logo, a consumação se protrai no tempo, o que possibilita a prisão em flagrante do agente enquanto se perdurar a situação (CARAMIGO, 2016).

Neste mesmo sentido, o Ministro Marco Aurélio no julgamento do HC 101798[105], afirmou que o crime de lavagem de dinheiro "pressupõe recursos decorrentes dos tipos constantes dos incisos". Segundo ele, "sem o crime antecedente, enquadrável em um dos incisos do citado artigo, não cabe versar lavagem de dinheiro e tê-lo como configurado". No julgamento o ministro foi voto vencido por maioria de votos e a Turma não conheceu do habeas corpus. (SILVA, 2013.)

A mesma Corte manifestou-se no julgamento do HC 92279[109], quanto à independência do crime de lavagem e que não constitui-se em mero esgotamento da infração predecessora; afirmando que a autonomia dada pela lei e que a utilização do crime antecessor não constitui *bis in idem*.

Quanto ao julgamento do HC 93368/PR[110], de que a independência do crime de lavagem de capitais torna viável, inclusive, a condenação independentemente da existência de processo, pelo crime de antecedente, tanto que o recebimento da denúncia pode ser instruída com indícios, pois não existe necessidade de certeza absoluta quanto à existência do crime antecedente.

3. LARANJAS E EVASÃO DE DIVISAS

No que se refere à origem, entre as possibilidades para o uso do termo "laranja", a fim de referenciar a ocultação de um bem de origem ilícita, uma das principais e mais divulgadas remete a épocas em que, em alguns países, como os Estados Unidos da América, beber em público era crime. Para burlar a inspeção, alguns indivíduos "injetavam" bebidas alcoólicas em laranjas e bebiam em público sem serem descobertos.

Há ainda quem diga que o termo alude a uma prática belicosa da Guerra do Vietnã. Nos combates, os estadunidenses fizeram uso do "agente laranja", produto que descapelava as plantas e promovia a visualização dos soldados inimigos.

São indivíduos que intermediam operações financeiras de caráter ilegal, ilícito ou fraudulento. O trabalho da Secretaria da Receita Federal do Brasil (RFB) é importantíssimo na identificação de fraudes, a exemplo da variação patrimonial ou do enriquecimento súbito e inexplicável de pessoas relacionadas às fraudes, as quais, uma vez comprovadas, servirão de prova nos processos político e judicial que tratam dos desvios de recursos públicos.

Outros motivos levam à prática do ato ilícito, como a própria lavagem de dinheiro. No que tange o desvio de verbas públicas, o método mais utilizado é o uso de Notas Fiscais "frias", as quais as incumbências declaradas não são prestadas ou os bens informados não são devidamente fornecidos (Amarribo Brasil, 2012).

Laranjas são, basicamente, aqueles que fornecem seu nome, identidade e afins, para que seja usado em práticas ilícitas, para substituir a identidade do verdadeiro praticante do ato. Normativamente há a consideração do dolo independentemente do réu afirmar culposidade. A Turma do Tribunal Regional Federal (TRF) da 2ª Região, após apelação, reformou a sentença de absolvição do juiz singular, conforme: *"assumiu o risco da produção do resultado previsto na norma penal incriminadora, ao concordar em ser remunerado para figurar como sócio administrador"*.

Sua prática pode ser considerada, deveras, simples: entregam seu nome e dados para que o bem seja lavado por meio dele. O real operador abanca o dinheiro extraído de fonte ilegal, investe em alguma empresa, por exemplo, e o retorno financeiro se torna "legal", mas no nome de um laranja. São, de certa forma, os responsáveis por tornar o ato virtualmente ilegal em aparentemente positivo, dado que a consumação do feito de transformar em lícito foi realizada com os dados do *agente laranja*.

Documentos perdidos, furtados ou roubados são também formas utilizadas por criminosos para a criação de "laranjas". Se provado, não é passível de punição.

Sua síndrome se dá quando é percebido pela RFB o enriquecimento súbito ou a sonegação fiscal do bem, o que leva à averiguação e posterior denúncia, caso sejam encontrados indícios de fraudes capitais contra a ordem financeira nacional.

Por fim, fazendo juízo de Embargos Infringentes — recurso cabível contra acórdãos não unânimes proferidos por tribunais que reformem, em grau de apelação, uma sentença de mérito, ou julgam procedente ação rescisória (BRASIL, 2001) —, a Seção do TRF da 2ª

Região deu provimento ao recurso para absolver o réu, que fora supracitado neste mesmo tópico, pois também não seria caso de dolo eventual; assim fundamentado:

> O fato de figurar falsamente no contrato social como sócio não lhe acarreta a imputação de todos os crimes eventualmente praticados através da sociedade. Sabe-se que, ao contrário, mesmo em crimes societários, devem ser demonstrados os efetivos atos de gestão eventualmente praticados pelos acusados, a fim de implementar fundamentação idônea a uma condenação.
>
> Mesmo para a configuração do dolo eventual, o agente deve praticar uma ação dirigida ao resultado, embora a ocorrência ou não desse resultado lhe seja indiferente. No caso, o acusado não praticou qualquer ação dirigida ao cometimento do crime de sonegação, mas tão

somente ao crime de falsidade ideológica do contrato social (processo 0001271-35.2010.4.02.5001 — publicado em 07.01.2015).

Logo, laranjas são indivíduos que, com ciência ou não, fornecem seus dados pessoais para que as operações de lavagem de dinheiro e ocultação de bens sejam realizadas com sucesso, de forma a ocultar o real operador da ação ilícita.

É dado como execução do crime de evasão de divisas realizar operação cambiária sem o intermédio de um estabelecimento bancário, desde que envolvam valores acima de R$10.000,00, sendo que o único fim seja expedir esse valor para o exterior (FORNAZARI JUNIOR, 2009).

A evasão de divisas, ilícito previsto no artigo 22, parágrafo único, da Lei 7.492/1986, não se consuma exclusivamente com o depósito no exterior, é preciso que não haja antecedente conhecimento dos valores pelas autoridades competentes, no caso do Brasil, o Banco Central, nos modelos definidos.

4. O FAMOSO JEITINHO BRASILEIRO

Como forma de driblar e contornar obstáculos inúteis, o povo optou pelo jeitinho brasileiro em quase tudo, onde o Estado foi minado e, por sua vez permitiu que a corrupção fosse consentida nos negócios da política, prova disso são os bilhões de reais rastreados pela Lava Jato como suspeitos de fraudes de todos os tipos, de peculato à evasão de divisa.

Para melhor entender como essa palavra pejorativa foi inseminada na mente de muitos brasileiros, é importante destacar o que disse o meia-armador da Seleção Brasileira de futebol, na década de 70, onde ele fez um comercial para uma marca famosa cigarro em que dizia: **"Por que pagar mais caro se o Vila Rica me dá tudo aquilo que eu quero de um bom cigarro? Gosto de levar vantagem em tudo, certo? Leve vantagem você também, leve Vila Rica".**

Denominada e taxada como a Lei de Gérson, numa alusão ao comportamento de adquirir vantagem em tudo e a qualquer preço, pressupondo que as pessoas devem lucrar o máximo benefício sem se preocuparem com a forma para a sua obtenção.

Do ponto de vista sociológico, dado que o tema aborda pessoas, e pessoas são passíveis ao erro, alguns aspectos nos faz ter uma maior percepção de que a lavagem de dinheiro, a evasão de divisas etc. é apenas o auge da forma de comportamento inconsciente do povo brasileiro.

Em entrevista com 20 pessoas de diferentes níveis hierárquicos e aleatoriamente escolhidas dentro de uma organização, Vieira, Costa e Barbosa (1982, ref. p. 12 e 13) constataram que a maioria das pessoas atribuiu como características do "jeitinho":

> [...] uma maneira especial, eficiente, rápida e criativa de agir para: controlar e facilitar situações, conseguir e resolver coisas, contornar dificuldades, conseguir favores, buscar amigos, fugir à burocracia, solucionar problemas,

acomodar-se, sair de uma situação e burlar a fiscalização, utilizando-se de simpatia pessoal, influência de terceiros, um bom papo, um agrado financeiro, arranjo técnico, etc. Em geral, aplica-se ao relacionamento entre o usuário e a burocracia, mas é também utilizado em outros tipos de situações do contexto social.

A criatividade e espontaneidade contribuem para a capacidade de buscar rapidamente soluções para problemas a serem resolvidos no mesmo momento em que ocorrem. Nem sempre o que é resolvido de forma criativa, rápida e espontânea tem a resolução e consequência mais eficaz.

5. PRÁTICA NORMAL, DIÁRIA E QUOTIDIANA DA CORRUPÇÃO

Para um bom entendedor meia palavra basta, mas quando se trata do tema "corrupção", no coração do brasileiro, em si, é visto como aquilo feito apenas por políticos ou pessoas com alto poder aquisitivo, como empresários, por exemplo. Mas engana-se quem pensa que um simples gesto de "esperteza" não pode acarretar numa bola de neve, neste caso, vemos que o famoso "jeitinho brasileiro" está inserido na cultura e nos costumes de muitas pessoas, sendo elas ricas ou pobres.

Como relato acima da marca histórica da corrupção, o comportamento inconsciente do povo brasileiro faz com que seja "levada vantagem" em quase tudo na vida, no trabalho, na escola, na rua etc.

Essa forma de inteligência irracional, faz com que muitos se gabem por subornar guardas de trânsito, falsificar documentos para conseguir entrada no cinema com meia-entrada, roubar internet de vizinhos e dar um jeito de adquirir uma tv a cabo pirata e, também, outras inúmeras práticas que são vistas como normais aos olhos de muitos.

Quase nunca, e com raras exceções, poucas pessoas param para refletir sobre seus comportamentos e como tem se relacionado com as pessoas, se estão sendo leais, honestas e até sinceras, pois o simples ato de furar a fila, de não dar lugar a idosos e deficientes ou usar vagas e assentos destinados a eles, são, com certeza, atos que demonstram um caráter fraco e corruptível, afim de prejudicar outrem e beneficiar a si próprio.

Com ou sem intenção, vê-se, então, que se há o objetivo de se beneficiar e a outra parte se prejudicar em consequência, há, então, uma corrupção eminente. Nada justifica essa prática desumana e desleal, um ato abominável de enganar os outros visando apenas os próprios interesses.

No quotidiano de muitos brasileiros, não obedecer aos sinais de transito representa também um grande prejuízo social, pois pode acarretar um grave acidente, colocando a própria vida e a dos outros, por isso sendo necessária normas, leis e sanções para que a sociedade não vire uma anarquia, afinal, o interesse é de todos, devendo ser preservados e obedecidos.

6. RELAÇÃO ENTRE PESSOAS JURÍDICAS COM A POLÍTICA NO BRASIL

6.1 Financiamento de Campanha

O financiamento de campanha eleitoral no Brasil consiste em arrecadar recursos provenientes de doações, sejam elas públicas ou privadas, para que os partidos e os candidatos ao mandato possam fazer a campanha política. Até agosto de 2015, o Brasil adotava o sistema misto, onde os partidos políticos podiam levantar seus fundos de entidades privadas, incluindo pessoas físicas e até mesmo empresas, também podendo receber do Fundo Partidário que é abastecido por dotações orçamentárias da União. No entanto, em setembro de 2015, o Supremo Tribunal Federal proibiu doações proveniente de entes privados.

Pessoas Físicas continuam podendo doar, desde que o valor não ultrapasse 10% do rendimento total do indivíduo no ano anterior.

O Fundo Partidário é composto por recursos públicos destinados aos partidos políticos para que possam realizar suas atividades, tanto em anos eleitorais, como em anos em que não há eleições. Doações realizadas por pessoas físicas poderão ser em dinheiro ou estimáveis em dinheiro, consideradas como bens ou serviços, assim como bens móveis ou, desde que não ultrapassem R$ 50.000,00 (cinquenta mil reais), limitadas a dez por cento dos rendimentos brutos auferidos no ano anterior à eleição. Os rendimentos brutos são calculados sobre a declaração do imposto de renda do doador. Toda doação deverá ser feita mediante recibo em formulário impresso ou eletrônico.

6.2 Grupos de Pressão e Partidos Políticos

A semelhança entre esses dois grupos se dá pelo fato da busca de um único objetivo e fundamental, pois ambos fazem o "meio de campo" entre o privado e público, constituindo assim categorias intermediárias entre o cidadão e o

Estado, buscando o próprio interesse na busca de uma decisão política que favoreça a si próprio.

Na síntese de Paulo Bonavides, sua identificação é mencionada como: "O partido político apresenta objetivos permanentes voltados para interesse geral. Almeja a conquista e manutenção do poder sob uma perspectiva global, ou seja, com aptidão para "generalizar particularismos".

O grupo de pressão, por sua vez, tem uma agenda pontual que se esgota no atendimento ou não de seu interesse pelo poder constituído. Trata-se de mera influência sobre o poder. Os interesses defendidos pelo grupo nem sempre coincidem com o interesse geral, havendo uma tendência interna de se "potencializar a unilateralidade".

Por sua vez, o lobby praticado pelos grupos de pressão externos ao governo (empresas privadas, entidades de classe, organizações não-governamentais, organismos internacionais, associações etc.) tem feições que lhe permitem ser identificadas na sua atuação. Sem prejuízo dos grupos que defendem interesses de menor repercussão social, os grupos de pressão mais atuantes no Congresso Nacional são: a) Bancada Feminina; b) Bancada Ruralista; c) Bancada Sindical; d) Bancada Evangélica; e) Bancada dos Proprietários de Meios de Comunicação; f) Bancada da Saúde; g) Bancada da Agricultura Familiar; h) Bancada dos Empresários; i) Bancada da

Amazônia Legal; j) Frente Parlamentar da Educação, entre outras.

6.3 O conceito do "Lobby" e sua prática na política brasileira

Conceituando o termo de origem das palavras do inglês para o português, indica "antessala", "vestíbulo", "parte do prédio em que o acesso é público". Sua origem e sua utilização para designar a atividade de defesa de interesses se deu na Inglaterra, servindo para indicar a sala de espera da Câmara Comum, onde os membros do Parlamento eram abordados por aquelas pessoas que tinha algo a demandar. O termo lobby no Brasil em tempos de Lava Jato, Operação Zelotes, se dá na maioria das vezes por ser algo ruim, maléfico e que colabora com atos relacionados à corrupção, pois quando ligamos a TV, lemos a revista, a grande notícia é que tal político é indiciado por ter cometido um crime de suborno ou ter recebido propina. Em sua defesa o advogado alega que não foi suborno e que tem todos os recibos que foi legal essa prática. Mas como saber e aonde está regulamentado esse tipo de atividade presente na política?

Aqui encontra-se várias dúvidas e uma grande discussão sobre o assunto, mas na teoria o lobby é utilizado para designar todo e qualquer esforço que de, forma legal, tenha por objetivo influenciar decisões dos poderes governamentais.

As definições apresentam variações,

por vezes confundindo a atividade com o seu ator. No entanto, onde se queira procurar uma definição justa da atividade de defesa de interesses se encontrará, fatalmente, os verbos "informar", "persuadir" e "convencer". Said Farhat utiliza-se mais de uma vez da expressão "informar para persuadir".

O mesmo Saïd Farhat leciona:

> Para evitar que a prática da atividade legítima de lobby, do modo que a entendo e pratiquei, seja confundida com suas deturpações, abusos, impropriedades e contrafações, repito sempre que posso as coisas que lobby não é: tráfico de influência ou intercâmbio de interesses; jogadas escusas 'por baixo do pano'; uso de dinheiro para obter favores,

> 'tratamento especial', exceções às regras gerais; também não é tudo aquilo mais bem caracterizado e entendido sob a rubrica própria, pelo nome certo de corrupção. (FARHAT)

Uma única palavra, mas fica bem claro que seu conceito é impreciso, que não há uma definição legal para o termo. Apesar de ser confundido com atos ilícitos, maculados pela corrupção, originalmente seu conceito remete a algo mais neutro.

No ordenamento jurídico não há uma regulamentação específica, mas cabe à justiça e à lei abranger algumas características normalmente inseridas no entendimento do que seja o lobby no Brasil como os casos de corrupção, o tráfico de influência etc.

7. CORRUPÇÃO PASSIVA E ATIVA

Para que se possa compreender melhor e de forma correta e mais clara os institutos da corrupção passiva, antes devemos saber aonde se encontra própria dita. Ela está disposta no artigo 317 do Código Penal (BRASIL, 1940) brasileiro.

A corrupção passiva nada mais é um crime praticado contra a administração pública e tem como peculiaridade, que somente o funcionário público pode ser o sujeito ativo, sendo este um crime próprio.

O artigo 317 não define que o sujeito ativo é o funcionário público, mas o título do capítulo fala em "crimes praticado por funcionários públicos". Portanto, a corrupção passiva só pode ser praticada por funcionário público. Porém, a conduta descrita no artigo 317 fala em "solicitar (...) Ainda que fora da função", que seria o caso do funcionário público de férias de licença, cumprindo pena administrativa, etc. (mesmo nestes casos ele não deixa de ser funcionário público) a conduta ainda prevê que o crime ainda pode ser praticado antes do funcionário público assumir sua função (é o caso, por exemplo, de um sujeito que passa num concurso público, já tomou posse, ainda não começou a trabalhar, mas já sabe qual será a sua área de atuação, e quando irá começar a exercer o cargo; ele então, neste momento, comete o crime de corrupção passiva).

Só pode ser sujeito passivo o funcionário público se o ato para qual ele está se corrompendo for de suas atribuições (se o ato não for de suas atribuições, ele até poderá ser partícipe, mais nunca autor). É, portanto, um crime próprio. (MIRABETE; FABBRINI, 2008)

O tipo penal em questão assim dispõe: "Solicitar ou receber, para si ou para outrem, direta ou indiretamente, ainda que fora da função, ou antes, de assumi-la, mas em razão dela, vantagem indevida, ou aceitar promessa de tal vantagem".

Como já dito anteriormente, somente o funcionário público pode cometer o crime de corrupção ativa, mas para que se possa se saber melhor o que seria um funcionário público para o efeito do direito penal, devo assinalar: Para o direito penal, a conceituação de funcionário público vai mais além do que nos demais âmbito do direito, e está definido no a artigo 317 da lei penal.

O tipo penal visa que o funcionário público venha a se aproveitar na prática do ato de ofício (o cargo/função ao qual ele exerce), portanto o objeto jurídico tutelado nesse caso é o normal funcionamento da administração pública.

Levando em consideração o segundo tipo penal que será visto nesse trabalho, devemos ter sempre em mente que na legislação brasileira não existe bilateralidade para que se possa comprovar o crime de corrupção ativa, ou seja, não é necessário que haja corrupção ativa para que configure a passiva, e assim ao contrário também acontece, mas nada impede que em uma determinada ação fique configurado tanto o crime de corrupção passiva como o da corrupção ativa.

O ato do funcionário de praticar ou deixar de praticar um ato em benefício próprio ou alheio pode ser de forma ilícita, ilegítima ou injusta e dessa maneira é determinada de corrupção ativa própria, já quando a prática do ato é legal, justa, mas visa um benefício próprio ou de outrem a corrupção passa a ser classificada como não própria ou imprópria (MENDONÇA, Fabricio).

Este crime pode ser cometido com a prática de três condutas diferentes, sendo elas: solicitar, receber ou aceitar a promessa de que irá receber.

Na solicitação, o autor do ilícito, pede a vantagem mediante palavras "suaves" sem ameaça ao solicitado, não é necessário que exista nenhum tipo de participação ou colaboração de terceiro no ato da infração; basta, para que fique configurado o crime, o simples pedido do funcionário.

Na segunda hipótese do tipo penal, o funcionário adquiri para si vantagem indevida e que para que fique configurada o crime é necessário que tenha um terceiro envolvido, ou seja, deve vir acompanhada da prática da corrupção ativa.

Na terceira hipótese do caso, funcionário promete benefício improprio, sendo assim, configurando a prática do delito que é a aceitação de tal ato de receber o benefício.

As três hipóteses da prática do tipo penal podem ser feitas por intermédio de terceira pessoa, ou seja, uma pessoa pode ser determinada em nome do funcionário público a exigir a vantagem, ou uma pessoa pode ir até o funcionário público e prometer ou oferecer vantagem indevida.

Como está amplamente ventilado, o objeto material do crime é a vantagem indevida, sendo também não necessariamente de cunho financeiro, mas também poderá ser de cunho moral, sexual, dentre outras vantagens.

Largamente demonstrado que o sujeito ativo do tipo penal é o funcionário público, e o sujeito passivo é o Estado, que sofre danos na administração pública em razão do pedido ou oferecimento de vantagem indevida.

No que tange à Corrupção Ativa, o tipo penal é o art. Nº 333 do Código Penal Brasileiro (CP/CPB; BRASIL, 1940), e traz a seguinte redação: "Oferecer ou prometer vantagem indevida a funcionário público, para determiná-lo a praticar, omitir ou retardar ato de ofício".

O crime de corrupção ativa está alocado entre os crimes especificados, contra a administração pública.

O objeto jurídico protegido é a probidade da administração, e evitando a qualquer custo uma ação que corrompa a administração através dos funcionários, causando danos a administração.

Diferentemente da corrupção passiva, que só pode ser praticada por funcionário público, na corrupção ativa o crime pode ser praticado por qualquer sujeito, até mesmo um funcionário público que não esteja no exercício de suas funções.

Portanto o sujeito ativo da corrupção ativa pode ser qualquer pessoa. (MIRABETE; FABBRINI, 2008) A pena em questão para o crime de corrupção ativa é de 2 (dois) a 12 (doze) anos de reclusão e, além disso multa imposta pela redação dada pela lei nº 10.763, de 12/11/2003.

> O "modus operandi" no caso da Corrupção Ativa, pode se dar por meio de gestos, insinuações ou pela forma escrita. Paradoxalmente, há um entendimento que diz que

não há que se falar em Corrupção Ativa, quando o ato de promessa indevida em questão, visa evitar uma ilegalidade como seria o caso, por exemplo, de uma promessa de vantagem indevida para evitar que um carro fosse retido ou apreendido, pelo fato de simplesmente o exame médico do motorista estar vencido (DIAS).

Neste mesmo sentido:

"[..] Tratando-se de um crime de forma livre, a corrupção ativa pode ser praticada por diversos meios, a exemplo de sinais, gestos, escritos, conversas explícitas etc.". Ainda quanto à classificação doutrinária, a corrupção ativa é, também, um crime comissivo, instantâneo, monossubjetivo, transeunte e, dependendo do caso, unissubsistente ou plurissubsistente (GRECO, 2012).

Há que se ter muita atenção na temática, se o crime em vista for de corrupção ativa, visto que cada caso é um caso, mesmo sendo concreto, tem pormenores que podem fazer o crime em pauta não se caracterizar, dada por peculiaridades, como por exemplo: a análise de caso a caso, para que só depois se possa tipificar, com clareza e sem dúvida nenhuma, que o crime em questão, é de corrupção ativa.

8. ATIVIDADE CORRUPTIVA

8.1 Corrupção no âmbito estatal

> As enormes quantias de dinheiro que passam pelas mãos do Estado, davam oportunidade para fraudulentos contratos de fornecimento, corrupção, subornos, malversões e ladroeiras de todo gênero. A pilhagem do Estado pelos financistas refletia-se nas obras públicas, nas relações entre os organismos de administração e os diversos fornecedores (DIAS, Alvaro).

Há 166 anos, como na citação direta acima, Karl Marx, em "A Luta de Classes" alertava que a corrupção é filha dos gastos estatais descontrolados, define o deputado Hélio Duque. Não se pode negar a realidade e aceitar que a imoralidade seja, de fato, considerada normal.

Hoje, muitos pensadores e mentores intelectuais de uma geração sofista, setores da elite e imprensa continuam negando a realidade. No Brasil, essa cultura ortodoxa de ideologias e mentalidades criadas, produziu o mantra "nós" contra "eles". A imoralidade se transformou em um fato normal.

"Estatais" são entidades criadas pelo poder público que integram a administração pública indireta, onde o governo detém todo ou parte do capital social. O termo se refere a dois tipos de empresas: públicas e de economia mista. As públicas são aquelas que pertencem ao governo (seja federal, estadual ou municipal), já as de economia mista são aquelas em que parte do capital é regido pelo governo, ou seja, o governo é quem possui majoritariamente de seu capital.

Sua estrutura é orientada por vários fatores que integram sua administração, sendo a crescente intervenção do Estado na economia e constante burocracia, um sistema de execução da atividade pública mediante o emprego de meios privados para o alcance de fins públicos.

A corrupção, como tema central de debate do atual cenário político e econômico, se faz presente inicialmente através da máquina estatal, se espalhando pelos meios privados. Há uma consciência de que não há corrupção política, mas sim uma corrupção de indivíduos que são políticos.

A coisa pública foi atropelada pela corrupção, atingindo partes fundamentais da administração estatal. A Petrobras foi a principal vítima, como vem sendo demonstrado nas operações que investigam esquemas dentro da empresa.

A maior investigação de corrupção e lavagem de dinheiro já ocorrida no Brasil, denominada "Lava Jato", colocou em pauta a novidade de que, desta vez, não são apenas os partidos conservadores, como já é de antigo conhecimento, estão envolvidos em corrupção, mas mesmo o PT, que, até então, era considerado isento desse problema, colocando o partido do ex-presidente Luiz Inácio Lula da Silva em abismo moral. A guerra entre partidos e políticos, colocou de forma visível um esquema criminoso, mafioso e muito bem estruturado, que atingiu a maior produtora de petróleo do mundo – o que também divide o país em opiniões e em lados opostos. A investigação se inicia em março de 2014, no final do mantado de Dilma Rousseff, onde o Ministério Público Federal recolheu provas de um imenso esquema criminoso de corrupção envolvendo a petroleira. Estas incendiaram o mundo político e mergulharam o governo de Dilma Rousseff, e posteriormente o de Michel Temer, em uma crise sem precedentes.

No dia quatro de fevereiro de 2015, Graça Foster, então presidente da estatal e mais cinco diretores renunciam aos seus respectivos cargos, aprofundando a crise dentro da empresa.

Em março de 2016, o ex-presidente Lula é conduzido coercitivamente para prestar esclarecimentos, onde defensores e pessoas contrárias ao petista entram em embate físico no aeroporto de Congonhas e discutem sobre a legalidade da ação da Polícia Federal. O Instituto do metalúrgico considerou a ação "ilegal, arbitrária e injustificável".

O então presidente da Câmara dos Deputados, Eduardo Consentino da Cunha, é preso em outubro do mesmo ano, após ser afastado do seu cargo e comandar o processo que cassou o mandato da presidente da República, Dilma Rousseff. Ele foi acusado de usar contas na Suíça para lavar dinheiro. Ele é condenado a quinze anos de reclusão por três crimes, em março de 2017.

O relator da Lava Jato no Supremo Tribunal Federal, ministro Teori Zavascki, morre aos 68 anos, após a queda de avião em Paraty, no litoral sul do Rio de Janeiro. Investigadores falam em assassinato. Assume o ministro Edson Fachin.

Em maio de 2017, jornais anunciam que o então presidente da República, Michel Temer, é pego em conversa grampeada com o empresário Joesley Batista, dono da JBS, dando aval para comprar o silêncio de Eduardo Cunha, depois que o ex-deputado havia sido preso. Na mesma delação, Joesley grava o senador Aécio Neves, segundo na corrida à presidência da República em 2014, pedindo dois milhões e falando em "matar antes que delate".

O decorrer das investigações expõe um esquema que adentrou a máquina pública estatal do maior país da América Latina. Um esquema que envolve os principais partidos e políticos do país, homens fortes do governo, parlamentares, governadores e até presidentes da República.

As estatais se tornam figurinhas carimbadas nos escândalos recentes. Com as eleições cada vez mais caras — e muitos ainda se valem dos pleitos para aumentar o próprio patrimônio — os partidos aparelham as empresas, indicando "operadores" ou utilizam servidores de carreira filiados para viabilizar ganhos ilícitos em obras, contratos de prestação de serviços, aquisição de equipamentos ou, ainda, nos fundos de pensão.

As estatais fogem da transparência como o diabo da cruz. Incluídas na Lei de Acesso à Informação (lei 12.527; BRASIL, 2011), pressionaram o governo e foram praticamente excluídas da obrigatoriedade de prestarem informações à sociedade pelo decreto 7.724 (CASTELLO BRANCO).

Algumas situações beiram o ridículo.

A corrupção é um fenômeno mundial e, de acordo com a declaração final do IV Fórum Global de Combate à Corrupção, realizado de 7 a 10 de junho de 2005 em Brasília, ela impõe "ameaças à democracia, ao crescimento econômico e ao Estado de Direito". De acordo com esse entendimento, o IPC (Índice de Percepção da Corrupção). No debate teórico sobre a corrupção no Brasil podem ser visualizadas, no mínimo, duas grandes correntes de pensamento: a) alguns cientistas políticos partem do pressuposto de que a corrupção brasileira é uma herança do patrimonialismo ibérico; b) outros autores apresentam a ausência de uma história feudal no país como um elemento importante para descrever a falta de separação entre as esferas públicas e privadas, o que seria similar ao patrimonialismo oriental. C) sociólogos brasileiros explicam o fenômeno através da cordialidade do povo brasileiro, em pensar emotivamente e não racionalmente, fazendo assim com que o poder político se torne uma extensão de sua casa, com total liberdade patriarcal. Por outro lado, entretanto, o desenvolvimento do Brasil está marcado por um processo de modernização e de manutenção do patrimonialismo, ambos ocorrendo ao mesmo tempo. Isso significa que continua existindo uma estrutura de dependência. (ANDRIOLI)

De acordo com a doutrina de José Murilo de Carvalho, entre as inúmeras razões que agravaram a corrupção no Brasil estão, em destaque, o crescimento da máquina estatal, trazendo consigo uma excessiva burocratização, ampliando as oportunidades para o exercício de práticas clientelistas e patrimonialistas, e aumentando o domínio do executivo sobre o legislativo; a ditadura militar, que protegeu com o arbítrio a atuação dos governantes; e a construção de Brasília, que libertou os políticos do controle das ruas, ampliando a sensação de impunidade. Os processos e mecanismos de corrupção sempre existiram nas máquinas administrativas públicas nos mais diversos países da Terra. Qualquer que seja o regime político adotado em um país qualquer, quer seja monarquia, quer seja parlamentarismo, quer seja presidencialismo, quer seja capitalista ou comunista, é possível identificar-se as mais variadas formas de corrupção, veladas ou não, às vezes mesmo ostensivas e com as formas acompanhantes de impunidade já que a corrupção por si só não poderia sobreviver se não fosse acompanhada das formas específicas de impunidades que lhe dão cobertura. A ineficiência estatal, por exemplo, comum em diversos Estados no mundo, é um considerável fator de desenvolvimento da prática de atos corruptos. Várias manifestações dessa ineficiência do poder público podem ser mencionadas como incentivos à corrupção, como por exemplo: decisões arbitrárias, que desvirtuam o uso do poder, sendo resultado de uma imódica discricionariedade dos agentes públicos; o corporativismo existente em setores da Administração, como a Justiça, por exemplo; a ineficiência quase generalizada de repressão à práticas ilícitas praticadas por pessoas que exercem funções públicas importantes, entre outras. (ANDRADE)

A operação que inspirou a Lava Jato e o então juiz federal Sérgio Moro,

"Mãos limpas", foi uma investigação judicial de grande envergadura na Itália, onde o Juiz Antonio Di Prieto esteve à frente da operação e terminou com mais de 5 mil pessoas investigadas. O juiz Sérgio Moro faz referência, em um artigo, onde classifica a operação como "símbolo da derrubada do sistema de corrupção italiana" e compara o Brasil ao termo do magistrado Di Prieto "democracia vendida".

O cientista político Alberto Vanucci, um dos maiores estudiosos da operação italiana, classificou a operação como um fracasso e diz que investigações judiciais não conseguem acabar com a corrupção quando ela é sistêmica. A operação, segundo o historiador, só serviu para criar corruptos mais sofisticados, usando como exemplo a ascensão de políticos "novos" como o ex-premiê Silvio Berlusconi, que se envolveu em diversos escândalos e acabou renunciando.

A falta de transparência e responsabilidade em política e na burocracia estatal, o controle social e político fraco sobre o exercício de poder, mecanismos de seleção de elite política errados e imorais: esses e outros fatores de corrupção não podem ser erradicados por juízes. Como diria o filósofo Karl Marx, no dezoito de Brumário: os acontecimentos tendem a ocorrer duas vezes, a primeira acontece como tragédia e a segunda como farsa.

8.2 Corrupção no âmbito privado

De acordo com a organização Transparência Internacional, o Brasil é o 73º país mais corrupto do mundo. Mesmo com uma percepção generalizada sobre o problema, a discussão ainda segue sendo superficial e ineficiente sobre o assunto. De acordo com a mesma, a corrupção pode ser definida como "o abuso de poder político para fins privados", uma definição objetiva sobre o problema.

A partir do pensamento do sociólogo alemão Karl Marx, a corrupção parte de laços econômicos e é a partir destes laços que um político toma uma decisão. Para o sociólogo, economia e política são duas faces da mesma moeda.

Max Weber associa a corrupção ao patrimonialismo, onde não há distinção entre público e privado.

É importante destacar que o brasileiro não nasce corrupto, assim como os responsáveis pela mesma também não, mas ela é fruto das nossas instituições, moldadas por tradições onde o público se mistura com o privado, um nefasto capitalismo de compadres.

A corrupção privada, como nós conhecemos, nasce a partir desta máxima marcada pelo patrimonialismo, o nepotismo, oligarquismo e clientelismo. Tudo passa a ser uma relação aberta entre poderes econômicos e políticos.

> A corrupção privada é grave e traz enormes prejuízos às empresas em geral. É uma prática que ocorre em larga escala e pode ser comparada a um câncer. Os responsáveis não podem se furtar em

responder criminalmente por seus atos e há necessidade latente de uma tipificação específica, mormente diante dos tipos penais existentes em nosso ordenamento jurídico. (FALAVIGNA)

Emilio Odebrecht, cacique do maior conglomerado da América Latina, a Odebrecht, declarou que o esquema de corrupção envolvendo empresas estatais se estendia ao campo privado, afirmando que a prática está institucionalizada há décadas e que imprensa agia em conformidade com o esquema.

Documentos disponíveis nos arquivos do Senado Federal mostram que o grupo Odebrecht, através da figura de seu fundador, Norberto Odebrecht, já estava envolvido em denúncias de desvio de verbas, superfaturamento e favorecimento de obras em 1979, pleno regime militar.

Trata-se de um negócio institucionalizado, tendo em vista que o pagamento de propina é visto como investimento.

José Sarney, ex-presidente da República, alertou, antes de se aposentar, no grampo em conversa com Sérgio Machado, que a delação da Odebrecht produziria estrago de uma "metralhadora calibre ponto cem".

A Odebrecht, multinacional da construção, era a vanguarda do capitalismo brasileiro, como definiu o jornalista Josias de Souza. Sob o comando de Marcelo Odebrecht, a empresa crescera impressionantes

520% nos dez anos que antecederam a operação.

No dia oito de março de 2016, o juiz Sergio Moro condena o empresário Marcelo Odebrecht por corrupção ativa, lavagem de dinheiro e associação criminosa. Na condenação do referido, Moro explica como a empreiteira comprou campanhas e comandava o cenário político através de propina, adotando a corrupção como "modelo de negócio profissional".

A J&F Investimentos, dona da companhia JBS, através da figura de Joesley Batista, abalou o cenário político com suas delações, grampos e áudios vazados. O empresário fechou acordo com o Ministério Público Federal, onde a empresa vai pagar cerca de 8 bilhões de reais por seu papel como corruptora de políticos e funcionários público no âmbito das investigações da Operação Lava Jato. O empresário chegou a dizer que no exterior a companhia cresceu "sem transgredir valores éticos", o mesmo admitiu o erro em nota e afirmou "não haver explicação".

As delações de Joesley podem ensinar uma lição aos brasileiros: a corrupção está em todos os governos e todos os partidos, diz o cientista político Cláudio Couto.

O escândalo envolvendo a Petrobrás é um dos exemplos de que a corrupção privada pode causar danos em larga escala.

O ceticismo sobre possíveis caminhos de combater corruptores privados podemos apontar algumas possibilidades. O primeiro é acabar com aquele sentimento disseminado de impunidade, o judiciário deve julgar independente de qualquer circunstância e de forma imparcial. O segundo está ligado aos nossos valores morais, éticos e ao que aprendemos ao longo da vida, fora do conceito de corrompimento através das instituições, deve-se suprimir esse fator moral – e, portanto, particular – que permite a contrafação.

CONSIDERAÇÕES FINAIS

Conforme exposto, deve-se destacar que num conceito geral, como prevê nossa legislação, os Crimes do Colarinho Branco não se limitam à crimes que envolvam capitais e o sistema financeiro nacional, como em outros países. Pelo contrário: é uma das positivações mais amplas, fazendo com que a Lavagem de Dinheiro se estenda bem mais do que meramente a pecúnia, fazendo alusão à todo tipo de bens, direitos ou valores, como já ventilado neste Artigo.

Logo, as corrupções — tanto ativa quanto passiva —, estão direta e intrinsecamente ligadas aos Crimes do Colarinho Branco. Afinal, a Corrupção Ativa quando somente o funcionário público é o sujeito ativo, ou seja, um servidor do Estado comete ilícito contra a Administração Pública (no exercício da função ou fora dele). Este censurável, embora comumente ligado ao capital, se estende até mesmo ao tráfico de influência. Estando o último, portanto, ligado diretamente aos Crimes do Colarinho Branco.

Com relação à Corrupção Ativa, se caracteriza quando o funcionário público é participe, mas não o autor. Entende-se, portanto, que os Crimes de Colarinho Branco não se limitam à Lavagem de Capitais, mas estende-se, conforme amplamente ventilado neste Artigo, ao Tráfico de Influência (quando o agente faz uso de suas prerrogativas para atingir o sucesso do ilícito) e aos crimes contra a Probidade Administrativa (no caso das corrupções, tanto de servidores quanto de membros dos Três Poderes — Executivo, Legislativo e Judiciário).

De acordo com o entendimento de Matheus Henrique Neves Andreazzi, autor deste ilustre artigo, ora livro, os Crimes de Colarinho Branco abrangem todo e qualquer ilícito que vá contra a probidade da administração (direta), contra o sistema financeiro nacional e contra a estabilidade harmônica da máquina pública (administração indireta, empresas estatais e mistas, por exemplo).

Portanto, os Crimes do Colarinho Branco estão intimamente ligados, também, à relação e interação político-privada, popularmente conhecida como lobby. O "lobby" é basicamente a 'intervenção' de empresas no que tange à Administração ou Legislação. Essa intervenção se dá quando empresas vão, num exemplo positivo, até a Câmara dos Deputados debater com os parlamentares acerca de leis que favoreçam seu ramo de atividade ou, num exemplo negativo, quando vão até o gabinete do Presidente da República, em busca de superfaturar obras, de fraudar licitações e afins.

Tal prática, notoriamente, é a maior fonte de propina e de corrupção no Brasil e, talvez, no mundo. No Brasil, o lobby em si não é proibido, muito embora algumas práticas que estão ligadas a ele são, sim, consideradas crimes ante nossa Legislação, no entanto, como vimos no caso da empresa JBS, dos irmãos Batista, o lobby jamais fora coibido, pelo contrário, fora estimulado pelo Parlamento e pelo Executivo, às vezes em busca de enriquecimento ilegal, fazendo proveito do Estado para fins particulares.

É imprescindível denotar que o Crime do Colarinho Branco, no que tange à Lavagem de Capitais, não prescreve. Pelo contrário, a consumação se protrai no tempo, ou seja, se o dinheiro do ilícito for mantido numa conta bancária, por exemplo, e posteriormente for descoberto, o crime é considerado flagrante enquanto a situação de ilegalidade se manter.

Isto posto, é plenamente visível que o único método que, talvez, seja efetivo é a transformação de corrupção e os Crimes do Colarinho Branco, em geral, em crimes hediondos, elevando a pena ao máximo constitucional permitido. A severidade do Judiciário, neste caso, é imprescindível e coloca em xeque toda a confiança estrangeira no Mercado brasileiro, que já é absolutamente instável, ou seja, a situação econômica do país só tende a piorar enquanto tais crimes forem, displicentemente, tratados com suavidade e piedade.

Ora, conforme pensa o autor Andreazzi, acerca do pensamento do Ministro Dias Toffoli, do Supremo Tribunal Federal, no que tange à opinião deste, onde o magistrado afirma que a falta de agressão física é justificativa para a diminuição da pena, Matheus o nega, pois a agressão fora ainda mais grave, isto é, contra a Pátria, logo, a penalização deve ser ainda mais severa, afinal afeta não apenas uma vida, mas a de milhões de brasileiros que se submetem ao Estado.

REFERÊNCIAS BIBLIOGRÁFICAS

AMARRIBO - Amigos Associados de Ribeirão Bonito. O Combate à Corrupção nas Prefeituras do Brasil. In:__. 5. ed. São Paulo: 24X7 Cultural, 2012. Disponível em: <http://www.amarribo.org.br/assets/cartilha_pt.pdf>. Acesso em: 11/05/2017.

ANDRIOLI, Antonio Inácio. Causas estruturais da corrupção no Brasil. Disponível em: <http://br.monografias.com/trabalhos906/causas-estruturais-corrupcao/causas-estruturais-corrupcao2.shtml>. Acesso em: 01/06/2017.

BECK, Francis Rafael; CALLEGARI, André Luís. A criminalidade de colarinho branco e a necessária investigação contemporânea a partir do Brasil. Tese (Doutorado).

Disponível em: <http://www.repositorio.jesuita.org.br/handle/UNISINOS/4597>. Acesso em: 10/05/2017.

BRASIL. Código do Processo Civil, lei nº 10.352, de 26 de dezembro de 2001. [S.l.], 2001. Altera dispositivos da Lei no 5.869, de 11 de janeiro de 1973 – Código de Processo Civil, referentes a recursos e ao reexame necessário. Disponível em: <http://www.planalto.gov.br/ccivil_03/leis/LEIS_2001/L10352.htm>. Acesso em: 25/05/2017.

BRASIL. Código Penal Brasileiro, decreto-lei número 2.848, de 7 de dezembro de 1940. [S.l.], 1940. Disponível em: <http://www.planalto.gov.br/ccivil_03/decreto-lei/Del2848compilado.htm>. Acesso em: 18/05/2017.

BRASIL. Lei de Acesso à Informação, lei nº 12.527, de 18 de novembro de 2011. [S.l.],

2011. Disponível em: <http://www.planalto.gov.br/ccivil_03/_ato20 11-2014/2011/lei/l12527.htm>. Acesso em: 01/06/2017.

BRASIL. Lei nº 7.492, de 16 de junho de 1986. [S.l.], 1986. Define os crimes contra o sistema financeiro nacional, e dá outras providências. Disponível em: <http://www.planalto.gov.br/ccivil_03/leis/L7 492.htm>. Acesso em: 11/05/2017.

CANAL CIÊNCIAS CRIMINAIS. Jus Brasil. O que é lobby? Tal prática é crime no Brasil?. Disponível em: <https://canalcienciascriminais.jusbrasil.com .br/artigos/254618978/o-que-e-lobby-tal-pratica-e-crime-no-brasil>. Acesso em: 03/05/2017.

CARAMIGO, Denis. A lavagem de dinheiro e suas peculiaridades. 2016. Disponível em: <https://jus.com.br/artigos/46828/a-

lavagem-de-dinheiro-e-suas-peculiaridades>. Acesso em: 11/05/2017.

CASTELLO BRANCO, Gil. A corrupção na Petrobras e nas estatais. Disponível em: <https://oglobo.globo.com/opiniao/a-corrupcao-na-petrobras-nas-estatais-13944986>. Acesso em: 01/06/2017.

DIAS, Alvaro. Marx e a corrupção estatal – Sugestão de Leitura. Disponível em: <http://www.alvarodias.com.br/2016/08/marx-e-a-corrupcao-estatal-sugestao-de-leitura/>. Acesso em: 10 mai. 2017.

DIAS, Wagner. Corrupção ativa. Disponível em: <http://www.infoescola.com/direito/corrupcao-ativa/>. Acesso em: 01/06/2017.

ELITE FM. "Corrupção no Brasil cresceu como uma cultura tolerada: Corromper e ser corrompido virou prática normal".

Disponível em: <http://www.elitefm.com.br/ler-artigo/2076/corrupcao-no-brasil-cresceu-como-uma-cultura-tolerada-corromper-e-ser-corrompido-virou-pratica-normal>. Acesso em: 13 /05/2017.

FARHAT, Said. Lobby. O que é. Como se faz: ética e transparência na representação junto a governos. São Paulo: Aberje/Peirópolis, 2007.

FALAVIGNA, Leandro. A corrupção privada no Brasil. Disponível em: <http://politica.estadao.com.br/blogs/fausto-macedo/a-corrupcao-privada-no-brasil/>. Acesso em: 01/06/2017.

FAMILIA. 10 práticas de corrupção comuns no dia a dia do cidadão. Disponível em: <https://familia.com.br/7303/10-praticas-de-corrupcao-comuns-no-dia-a-dia-do-cidadao>. Acesso em: 20/05/2017.

FORNAZARI JUNIOR, Milton. Evasão de divisas: breves considerações e distinção com o crime de lavagem de dinheiro. 20909. Disponível em: <https://jus.com.br/artigos/12160/evasao-de-divisas-breves-consideracoes-e-distincao-com-o-crime-de-lavagem-de-dinheiro>. Acesso em: 24/05/2017.

G1 ECONOMIA. Entenda a compra da refinaria de Pasadena pela Petrobras. 2014. Disponível em: <http://g1.globo.com/economia/noticia/2014/03/entenda-compra-da-refinaria-de-pasadena-pela-petrobras.html>. Acesso em: 25/05/2017.

GOUVÊA, Carina. Jus Brasil. Financiamento de Campanha Eleitoral privado e público: um olhar com sentido constitucional e democrático. Disponível em: <https://carinagouvea25.jusbrasil.com.br/arti

gos/112336664/financiamento-de-campanha-eleitoral-privado-e-publico-um-olhar-com-sentido-constitucional-e-democratico>. Acesso em: 02/05/2017.

GRECO, Rogério. Código Penal: comentado. ed. Niterói, RJ: Impetus, 2012.
INFOESCOLA. Caixa Dois. Disponível em: <http://www.infoescola.com/economia/caixa-2/>. Acesso em: 04/05/2017.

MENDONÇA, Fabricio Cortese. EGOV UFSC. Corrupção ativa e corrupção passiva - As diferenças entre os crimes praticados por funcionário público e particular. Disponível em: <http://www.egov.ufsc.br/portal/sites/default/files/anexos/31727-36554-1-PB.pdf>. Acesso em: 10/05/2017.

MIRABETE, Julio Fabbrini; FABBRINI, Renato N. Título do livro: Manual de Direito Penal. São Paulo: Atlas S.A., 2008. 366 p.

SILVA, Janei Rezende dos Santos. Lavagem de dinheiro no Sistema Financeiro Nacional com Análise das Leis 9613/98 e 7492/86. 2013. Disponível em: <https://www.jurisway.org.br/v2/dhall.asp?id_dh=10425>. Acesso em: 11/05/2017.

U.S. Department of Justice, Federal Bureau of Investigation. *White Collar Crime*: A Report to the Public. 1989. Disponível em: <https://ucr.fbi.gov/nibrs/nibrs_wcc.pdf>. Acesso em: 11/05/2017.

United Nations, Office on Drugs and Crime. O que é o crime de lavagem de dinheiro. 1989. Disponível em: < http://www.unodc.org/lpo-brazil/pt/crime/o-que-e-o-crime-de-lavagem-de-dinheiro.html>. Acesso em: 01/05/2017.

VIEIRA, C. A.; COSTA, F. L. da; BARBOSA, L. O. O jeitinho brasileiro como um recurso de poder. Revista de Administração Pública. Rio de Janeiro, Fundação Getúlio Vargas, vol.16, abr./jun 1982.

O AUTOR

Jurista e filósofo, Matheus é um ferrenho defensor de uma revitalização da forma de governo. Sua paixão é analisar a sociedade e escrever sobre o que compreende e sobre o que deseja compreender dela, verdadeiro amante do conhecimento. Tem fortes opiniões sobre a sociedade brasileira, conceituando-se no Direito e na Igreja Católica, sendo um fiel devoto. Sua caminhada política iniciou-se cedo e tende a findar apenas em sua morte.

COPYRIGHT © MATHEUS HENRIQUE NEVES ANDREAZZI

1ª EDIÇÃO

Grafia atualizada conforme o Acordo Ortográfico da Língua Portuguesa de 1990, que passou a vigorar no Brasil em 2009.

1. Não ficção. 2. Direito. 3. Comentários e citações.

ISBN: 9781794390584

Proibida a reprodução total ou parcial desta obra sem a devida autorização do autor.

São Paulo, Brasil – 2019.

SÍNTESE DOS CRIMES DO COLARINHO BRANCO